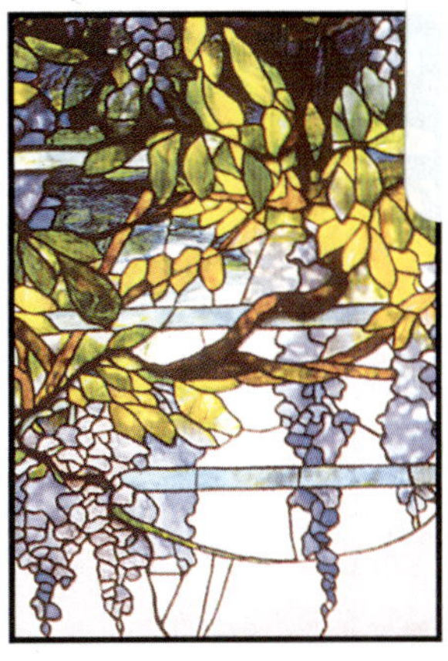

TIFFANY
Domestic Floral Window

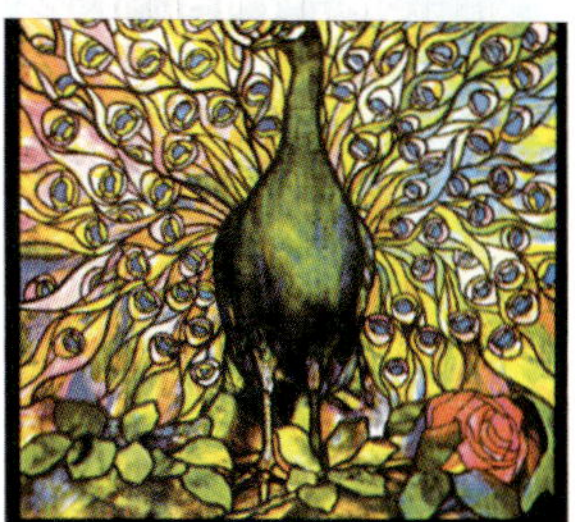

TIFFANY
Peacock Window

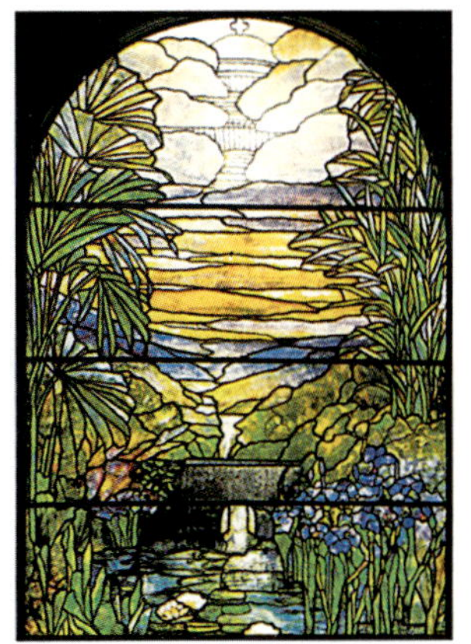

TIFFANY
Church Window

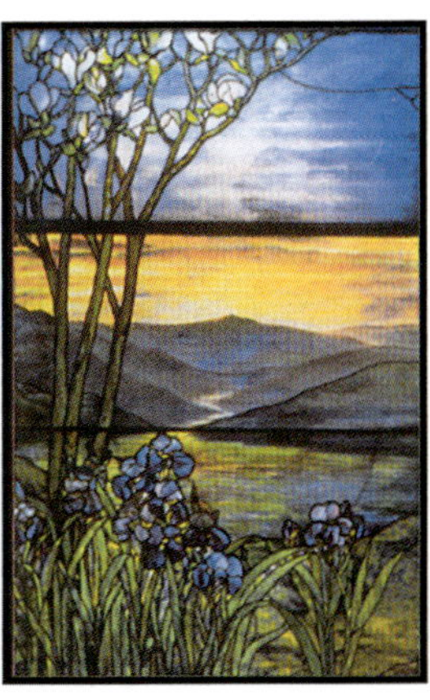

TIFFANY
Domestic Window

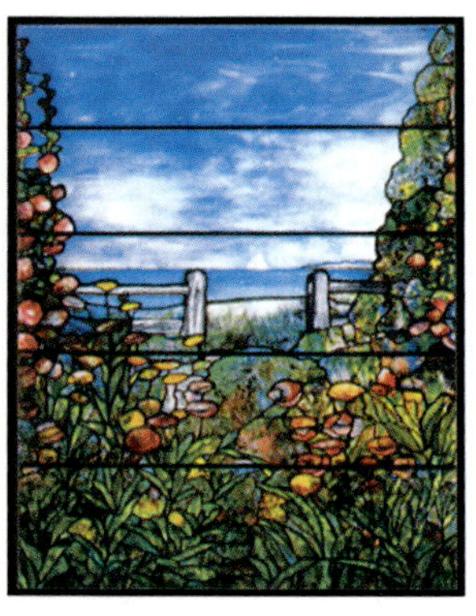


T I F F A N Y
Domestic Window


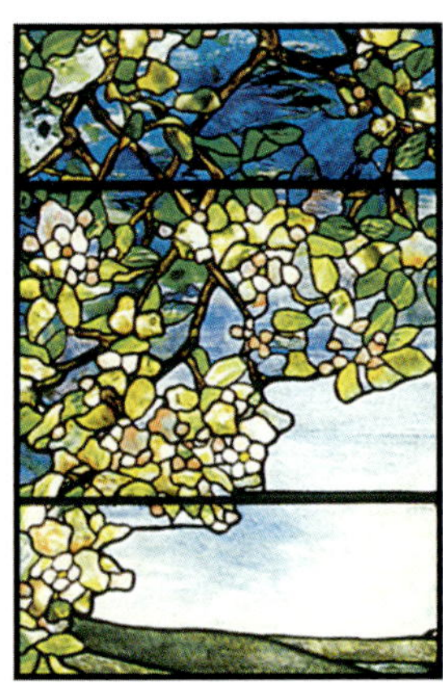


T I F F A N Y
Domestic Floral Window


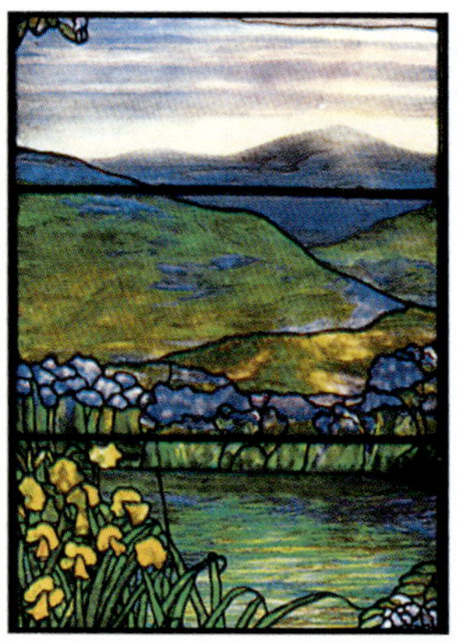


T I F F A N Y
Church Window


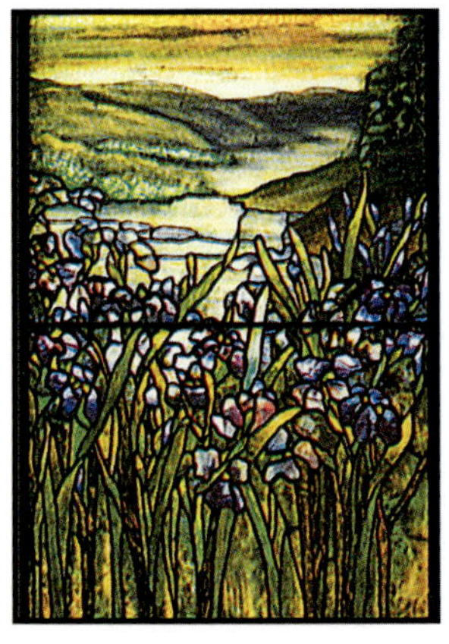


T I F F A N Y
Church Window

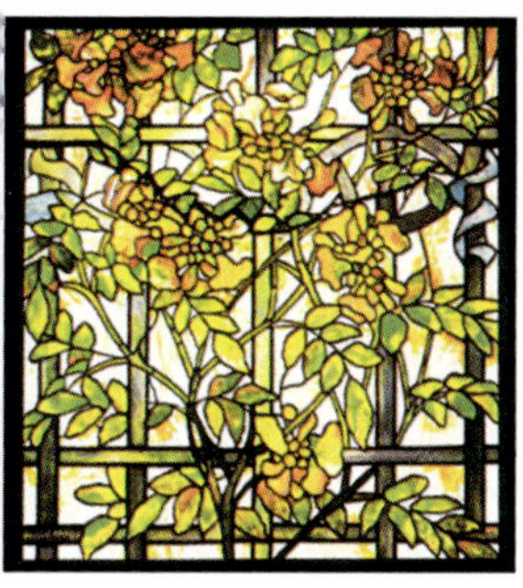


T I F F A N Y
Domestic Floral Window


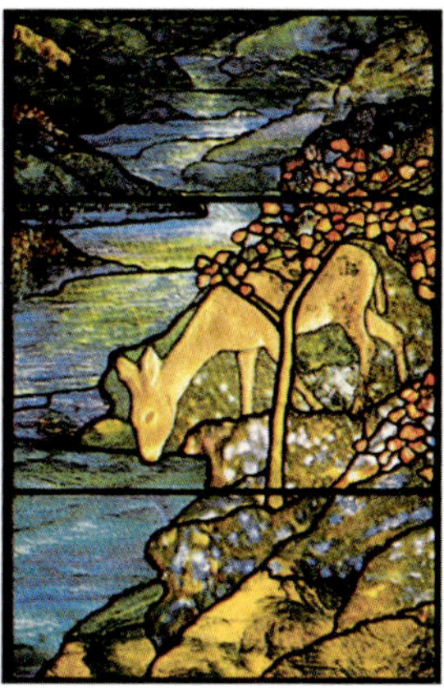


T I F F A N Y
Church Window


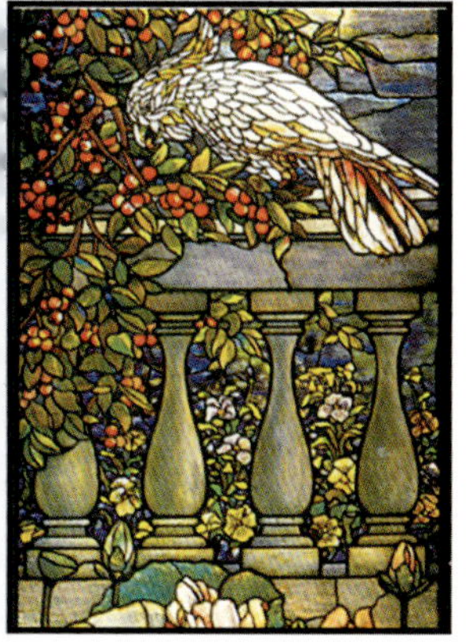


T I F F A N Y
Domestic Window


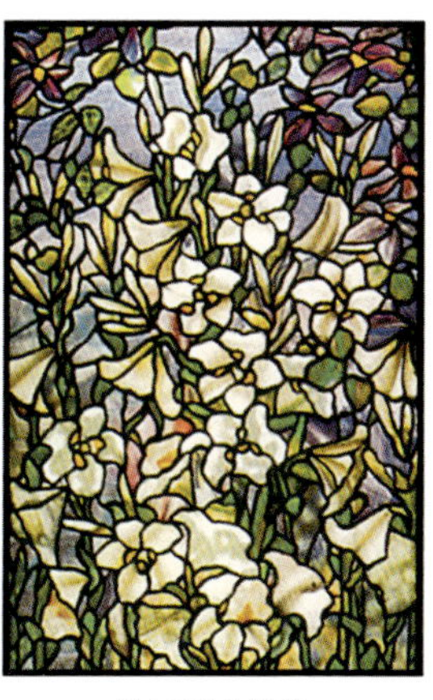


T I F F A N Y
Church Window

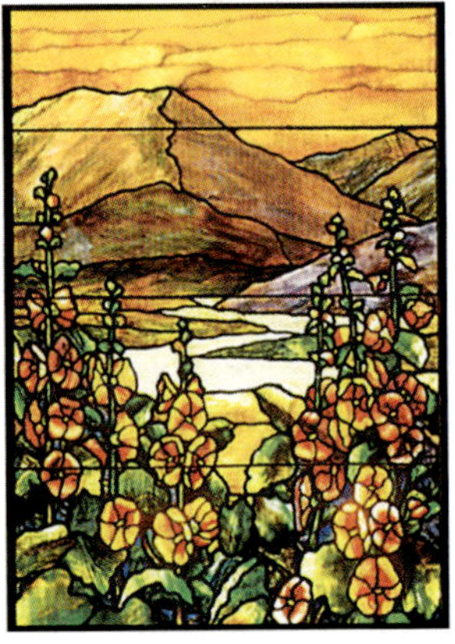

T I F F A N Y
Domestic Window

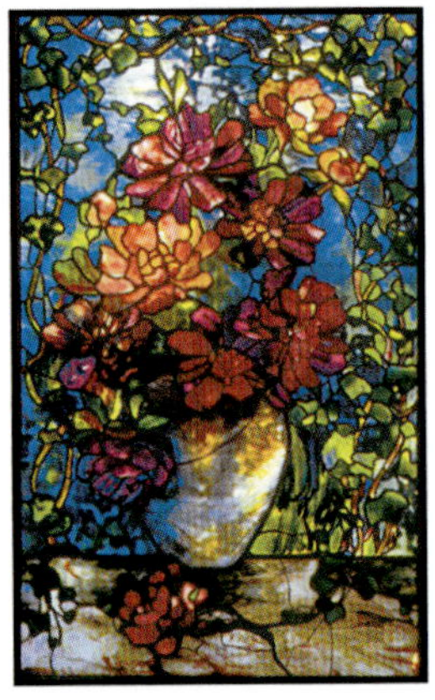

T I F F A N Y
Domestic Window

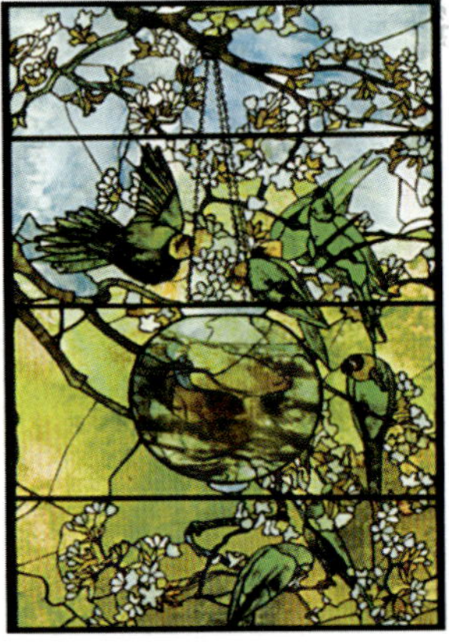

T I F F A N Y
Domestic Window

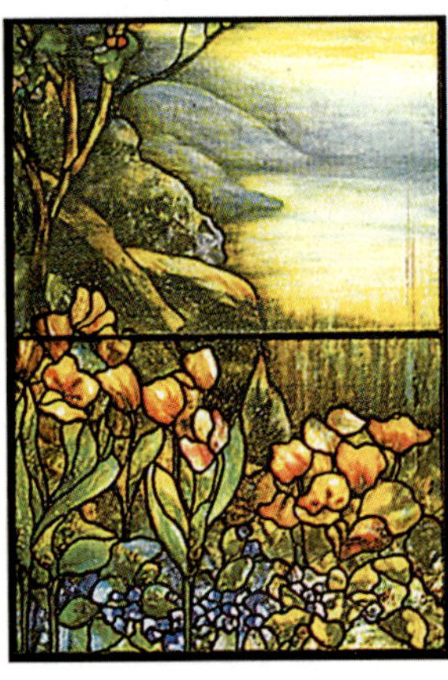

T I F F A N Y
Church Window

41570-